CÓMO DIBUJAR
RETRATOS,
ROSTROS Y CABEZAS

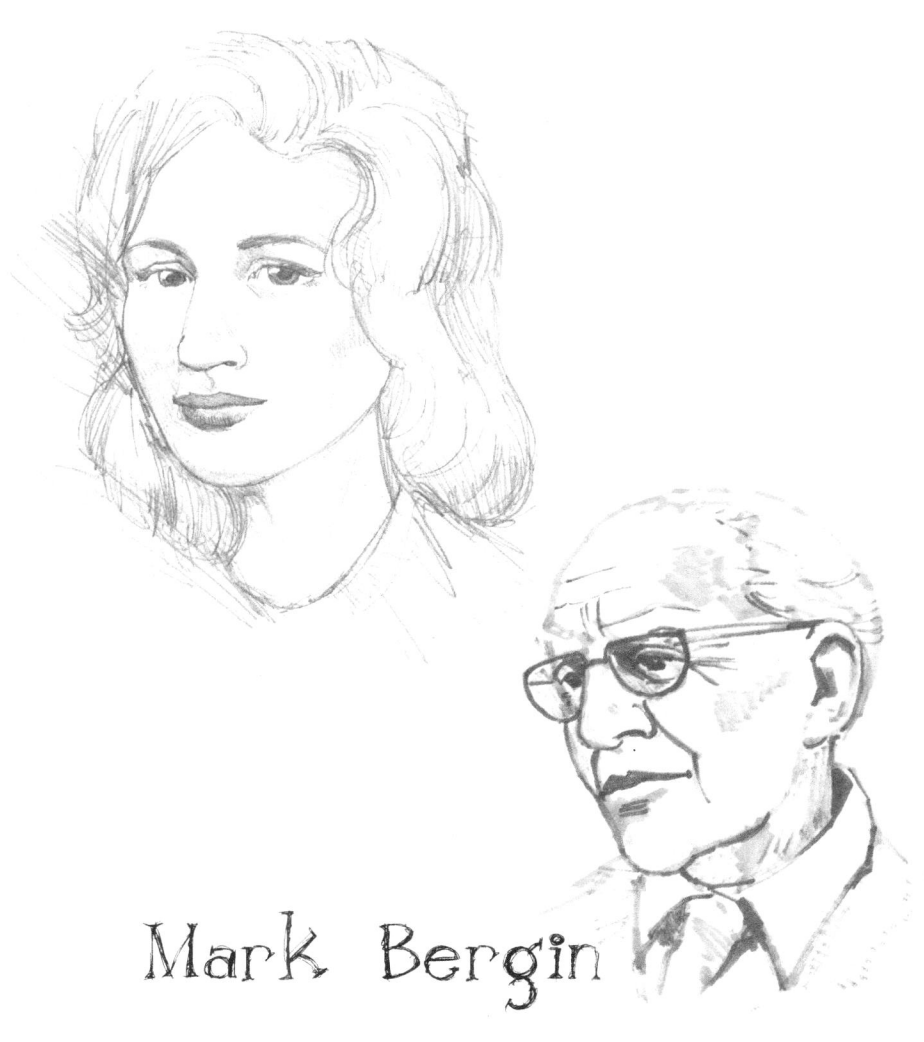

Mark Bergin

HISPANO
EUROPEA

El autor, **Mark Bergin**, nació en Hastings en 1961. Estudió en la Facultad de Bellas Artes de Eastbourne y se ha especializado en reconstrucciones históricas, además de en temas de aviación y marinos desde 1983. Vive en Bexhill-on-Sea con su mujer y sus tres hijos.

ADVERTENCIA: Los fijadores sólo deberían utilizarse bajo la supervisión de un adulto.

Título de la edición original:
How to draw portraits, faces and heads

El autor reivindica el derecho moral de ser identificado como autor de esta obra.

Ilustraciones originales de Mark Bergin

Es propiedad:
© The Salariya Book Company, 2010

© de la edición en castellano, 2019:
Editorial Hispano Europea, S. A.
Passeig del Ferrocarril, 335
08860 Castelldefels - Barcelona, España
E-mail: hispanoeuropea@hispanoeuropea.com

© de la traducción: David N. M. George

Depósito Legal: B. B 617-2019

ISBN: 978-84-255-2143-0

Consulte nuestra web:
www.hispanoeuropea.com

Impreso en España
Printed in Spain

Índice

Empecemos

Aprender a dibujar consiste en mirar y observar. Sigue practicando y llega a conocer bien tu tema. Utiliza un cuaderno de bocetos para hacer dibujos rápidos. Empieza haciendo garabatos y experimenta con formas y modelos. Existen muchas formas de dibujar, y este libro simplemente te enseña algunos métodos. Visita galerías de arte, observa los dibujos de los artistas, fíjate en cómo dibujan tus amigos pero, sobre todo, encuentra tu propio camino.

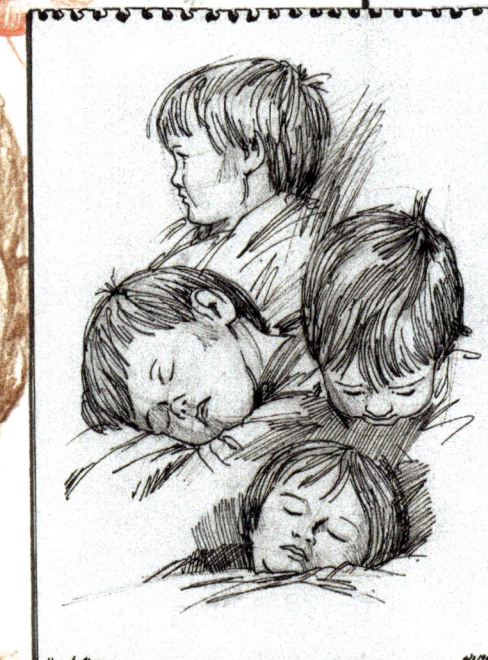

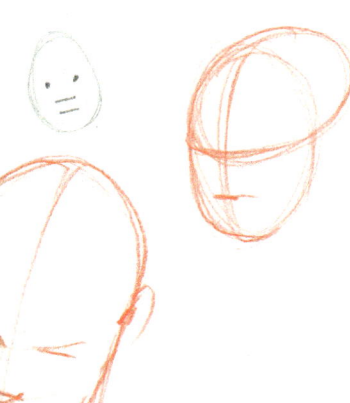

Cuando dibujes a partir de fotografias, utiliza líneas de guía que te ayuden a comprender la forma y las relaciones entre los rasgos de la cabeza.

El uso de una cuadrícula puede ayudarte a mantener correctas las proporciones de tu dibujo.

Prueba a hacer bocetos de amigos y familiares en casa.

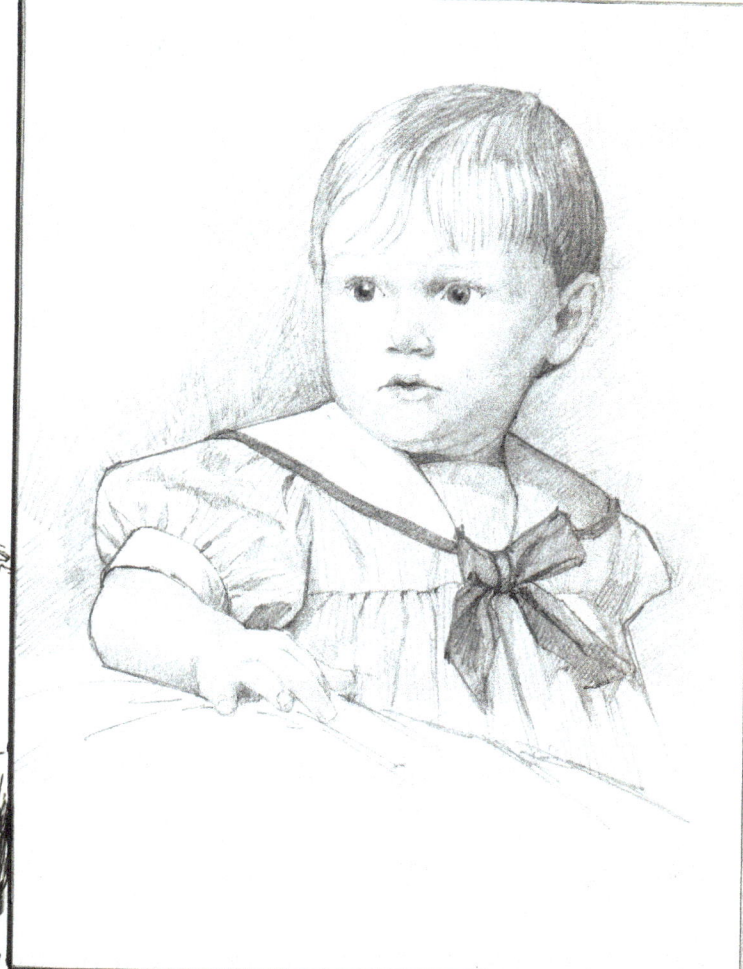

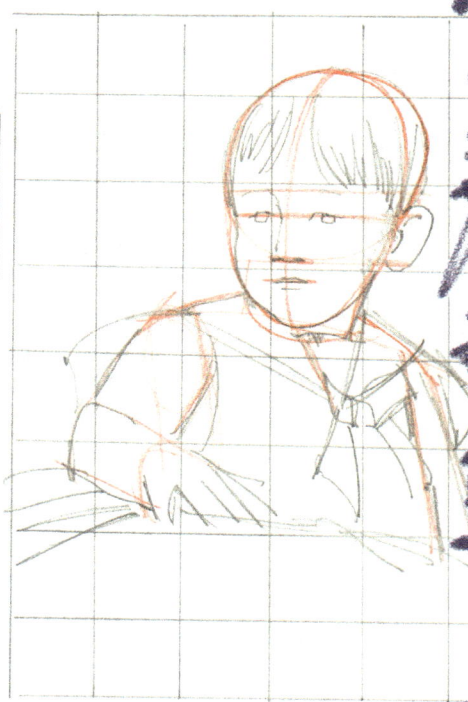

Esboza a gente en su entorno cotidiano. Esto te ayudará a dibujar más rápidamente y a captar los principales elementos de una pose velozmente.

Materiales de dibujo

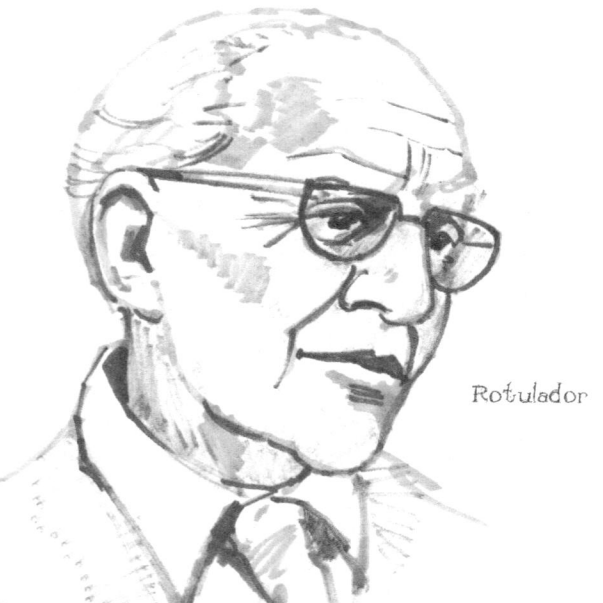

Prueba a utilizar distintos tipos de papel y materiales de dibujo. Experimenta con el carboncillo, las ceras y las pinturas al pastel. Los rotuladores y los bolígrafos te permitirán conseguir texturas interesantes. También podrías intentar dibujar con una pluma y tinta sobre papel húmedo.

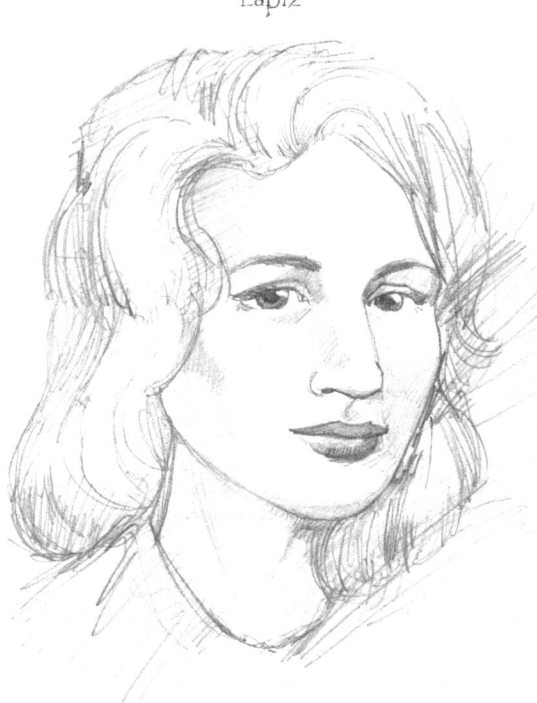

Lápiz

Los **lápices** duros son más grises, y los blandos más negros. Los lápices duros van del 6H (el más duro), y van pasando por el 5H, 4H, 3H y 2H, hasta llegar al H. Los lápices blandos van del B, 2B, 3B, 4B y 5B hasta el 6B (el más blando).

Rotulador

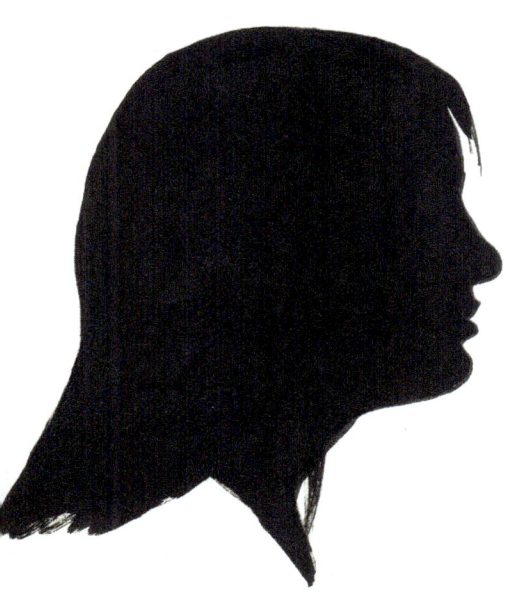

La **silueta** es un estilo de dibujo que utiliza, principalmente, sólo formas enteramente negras.

Las líneas dibujadas con **tinta** no pueden borrarse, así que haz que tus dibujos con tinta sean como esbozos y menos rígidos. No te preocupes por los errores, ya que estas líneas pueden perderse entre el dibujo a medida que se vaya desarrollando.

El **carboncillo** es muy blando y puede utilizarse para dibujos grandes y atrevidos. Pide a un adulto que rocíe tu dibujo a carboncillo con fijador para evitar que se emborrone.

Puedes crear efectos especiales frotando ligeramente partes de un dibujo ya hecho con **ceras**.

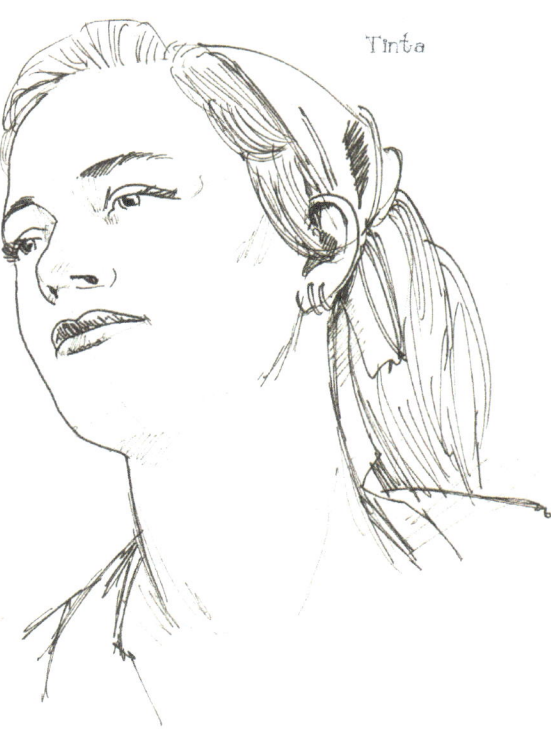

Tinta

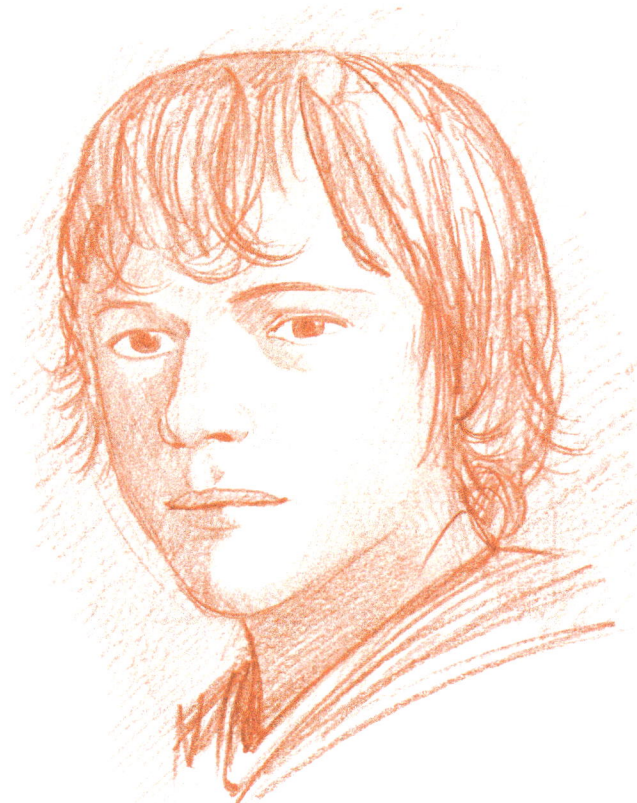

Las **pinturas al pastel** son incluso más blandas que el carboncillo, y las podemos encontrar en una amplia variedad de colores. Pide a un adulto que rocíe tu dibujo al pastel con fijador para evitar que se emborrone.

Huesos y músculos

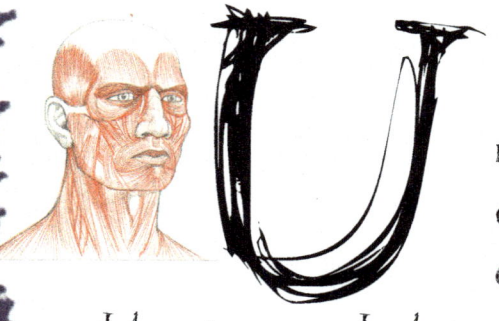

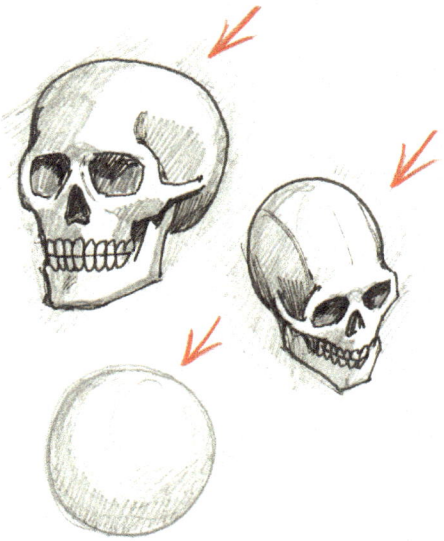

Un cierto conocimiento de la forma del cráneo y de la estructura muscular que se encuentra bajo la piel puede sernos de verdadera ayuda al dibujar una cabeza humana. El aspecto externo de una cabeza humana se basa por entero en la forma subyacente de los huesos y los contornos musculares.

Aquí podemos ver el efecto de una fuente de luz sobre el cráneo. Fíjate en qué áreas se vuelven más oscuras al cambiar de posición el cráneo.

Estos dos dibujos son de una vista de perfil y una frontal del cráneo.

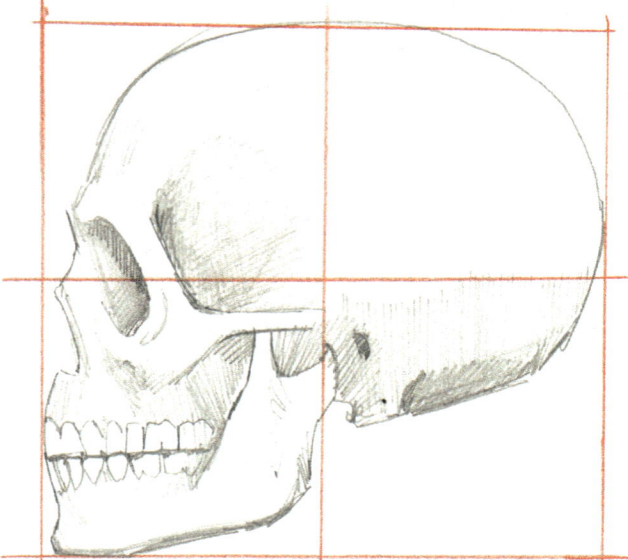

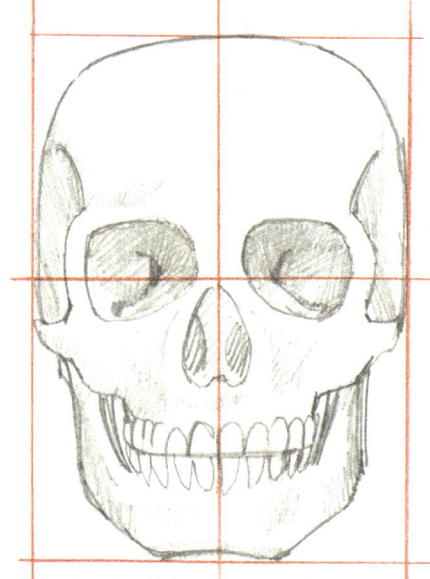

Usar una cuadrícula te ayudará a conservar las proporciones del cráneo.

Dividir tu dibujo en cuatro secciones en el caso de una vista frontal puede ayudarte a conservar la simetría del cráneo.

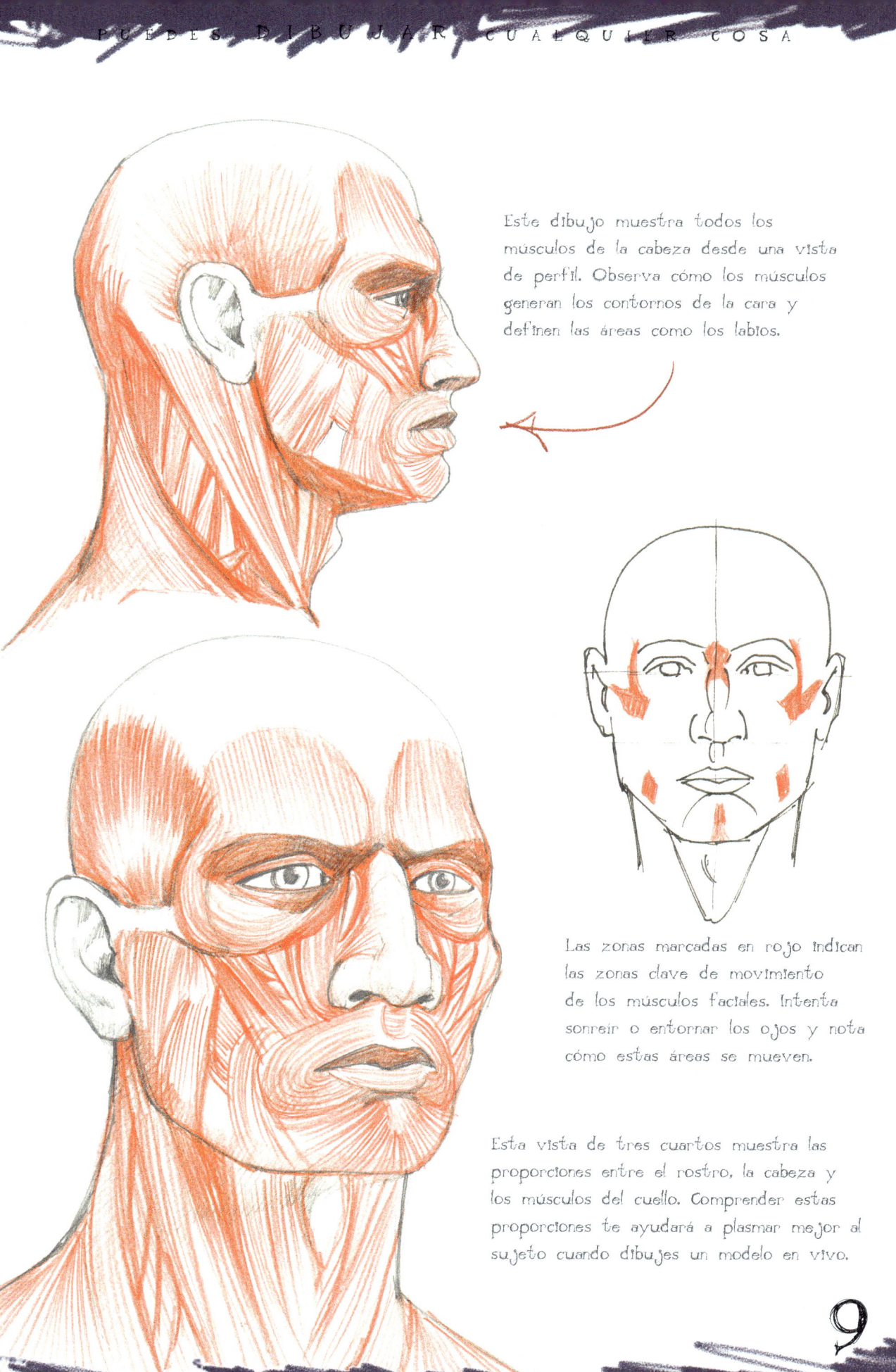

Este dibujo muestra todos los músculos de la cabeza desde una vista de perfil. Observa cómo los músculos generan los contornos de la cara y definen las áreas como los labios.

Las zonas marcadas en rojo indican las zonas clave de movimiento de los músculos faciales. Intenta sonreír o entornar los ojos y nota cómo estas áreas se mueven.

Esta vista de tres cuartos muestra las proporciones entre el rostro, la cabeza y los músculos del cuello. Comprender estas proporciones te ayudará a plasmar mejor al sujeto cuando dibujes un modelo en vivo.

La cabeza

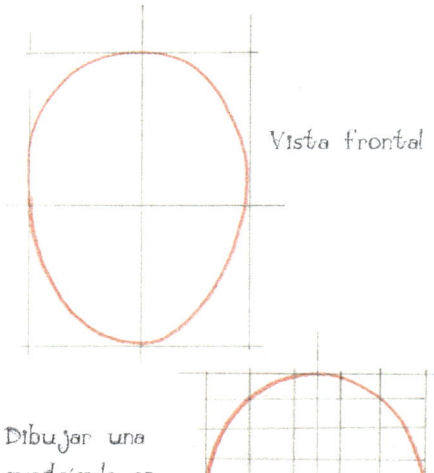

Vista frontal

Las cabezas son formas difíciles de dibujar. El rostro incluye algunos de los rasgos más expresivos del cuerpo. Utilizar líneas de guía te ayudará a situar con precisión los ojos, la nariz, las orejas y la boca en la cabeza.

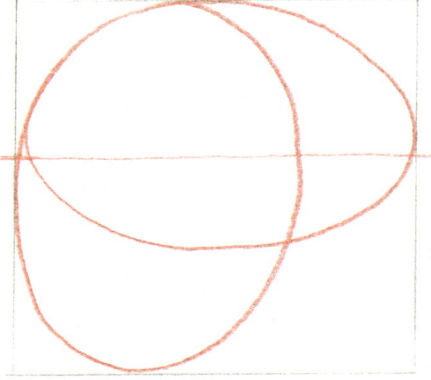

Dibujar una cuadrícula en el folio puede ayudarte a situar los rasgos faciales.

Establece la forma principal de la cabeza superponiendo dos óvalos.

Las líneas de guía te ayudarán a mantener los rasgos en el lugar adecuado cuando dibujes la cabeza desde distintos ángulos.

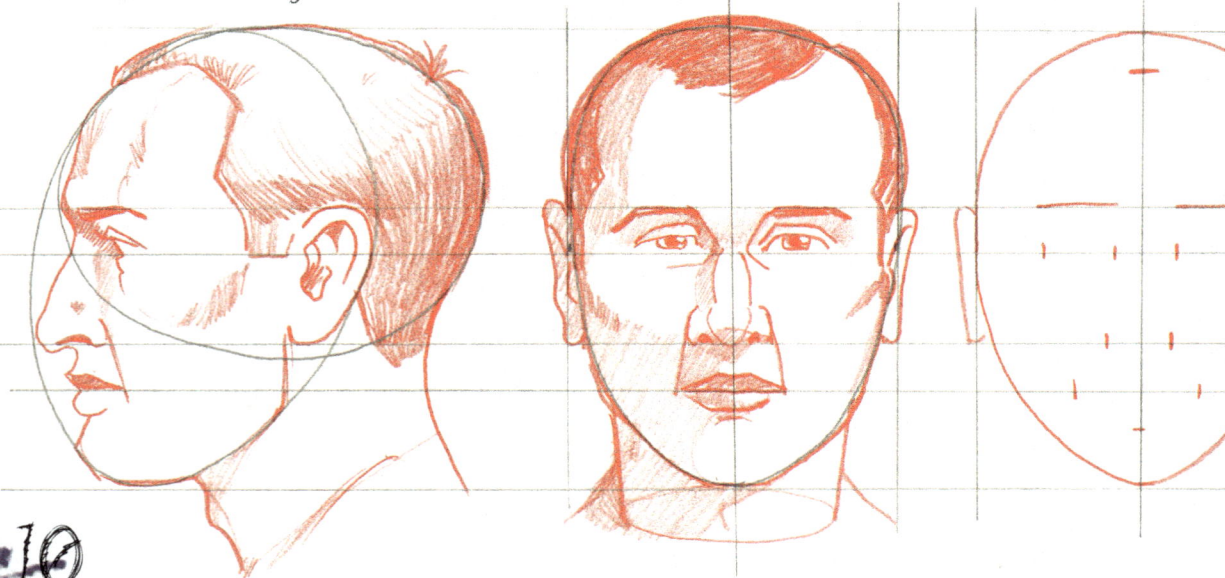

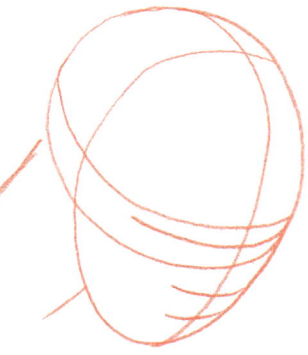

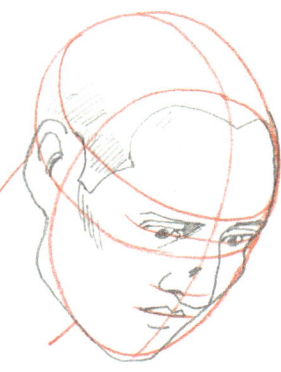

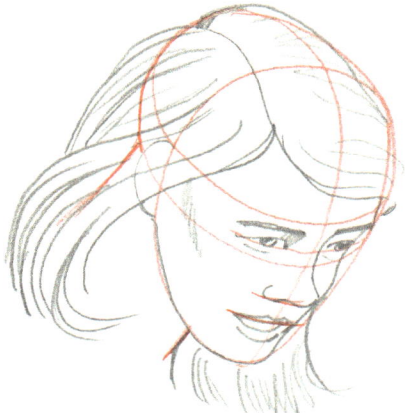

Dibuja líneas de guía para indicar la posición de cada rasgo facial.

Estas líneas de guía se han utilizado para dibujar una cabeza masculina.

Estas líneas de guía se han utilizado para dibujar una cabeza femenina.

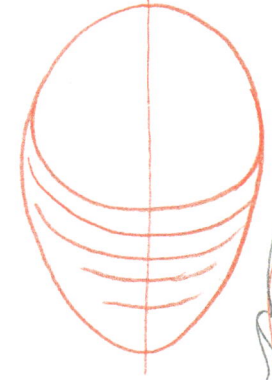

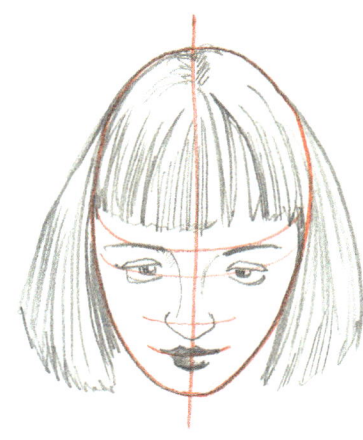

Utiliza líneas de guía descendentes y curvadas para mostrar la cabeza mirando hacia abajo.

Unas líneas de guía precisas hacen que resulte mucho más fácil incorporar los rasgos faciales y los detalles.

Usa unas curvas ascendentes para que las líneas de guía muestren una cabeza mirando hacia arriba.

Dibuja los rasgos. No te olvides de la parte inferior de la barbilla.

Remata cualquier detalle y elimina las líneas de guía no deseadas.

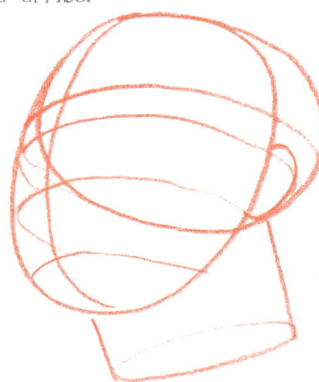

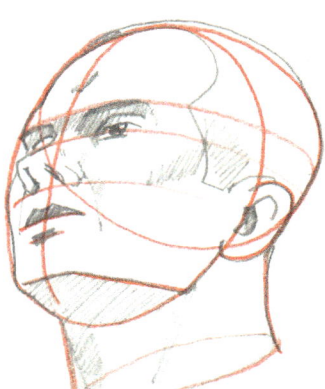

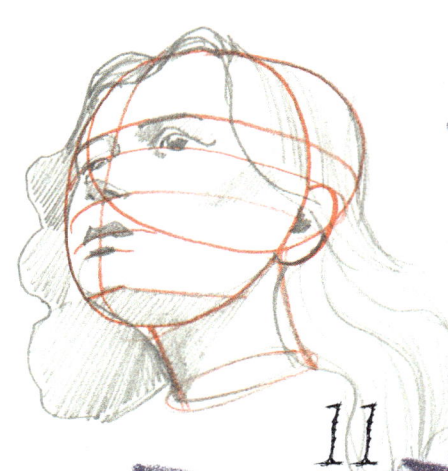

11

Los ojos

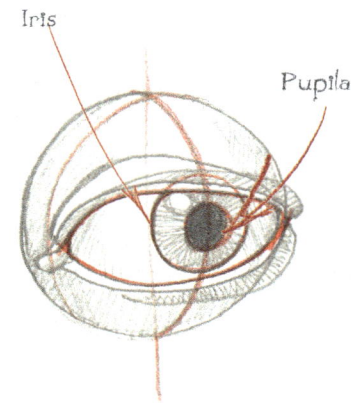

Iris

Pupila

Cada ojo se encuentra en su propia cuenca ocular y está protegido por los párpados. Los ojos y las cejas son muy expresivos.

El ojo tiene una forma esférica. Sus rasgos más visibles son el iris y la pupila. Empieza dibujando un ojo esférico. Añade la forma de los párpados.

Ojo masculino

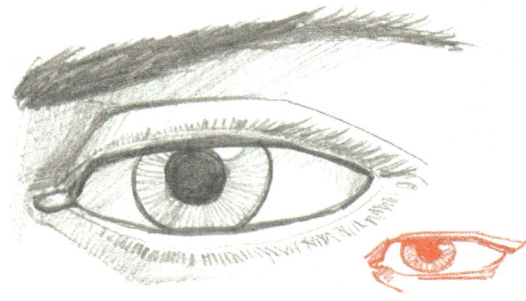

Una vez que hayas dibujado la parte visible del ojo, añade detalle a los iris. Deja siempre una zona blanca a modo de toques de luz.

Ojo femenino

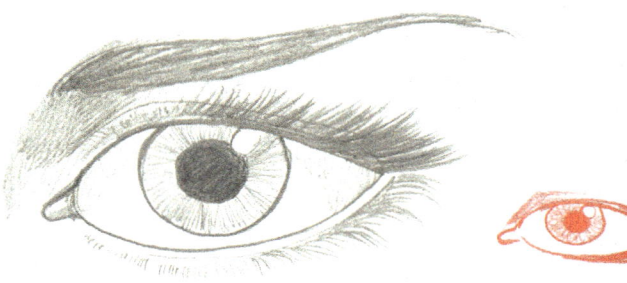

Ten en cuenta los detalles alrededor del ojo: la longitud de las pestañas y la forma de las cejas.

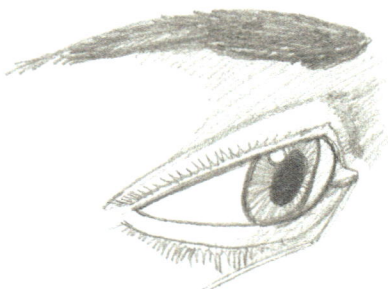

Cuando dibujes el ojo de perfil, es importante que uses la perspectiva.

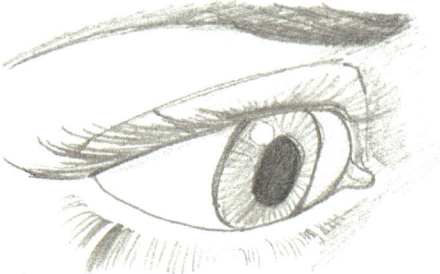

Comprueba la fuente de luz antes de añadir las tonalidades al dibujo. La zona desde la que la nariz se proyecta desde los ojos tiende a ser más oscura.

Vistos desde abajo

Vistos desde arriba

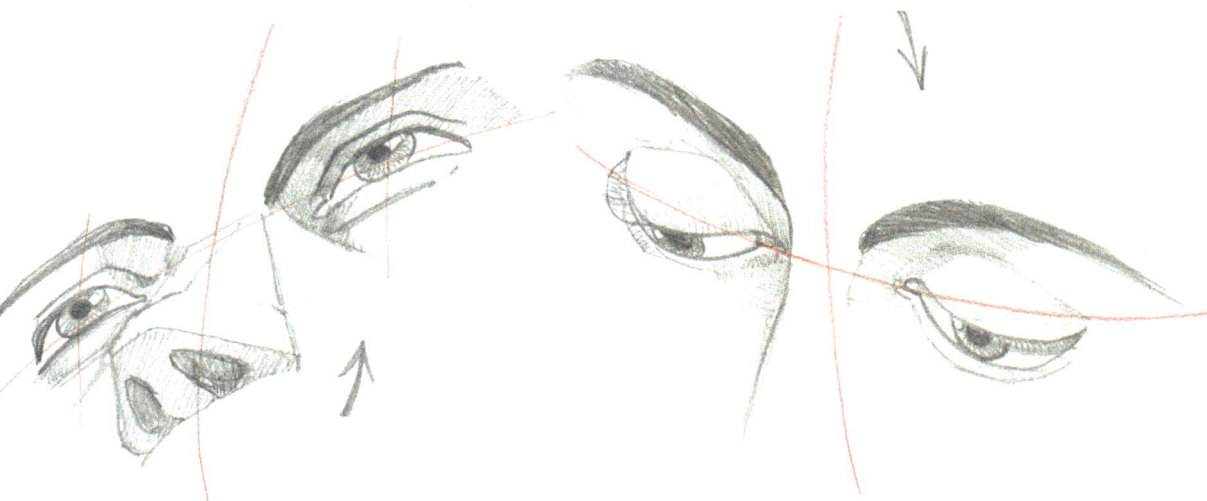

Al dibujar los ojos desde este ángulo, utiliza una línea de guía con una curva descendente para ubicarlos con precisión.

Dibujar los ojos desde arriba significa que verás una menor proporción del globo ocular.

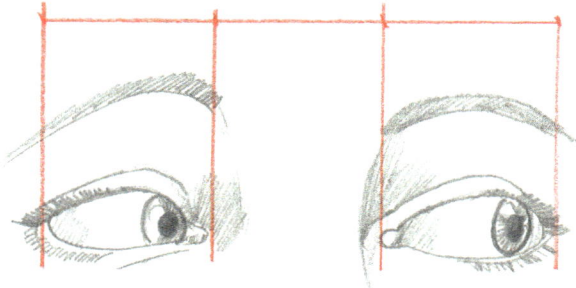

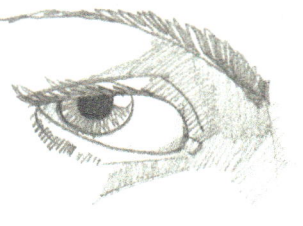

Al dibujar ambos ojos, es muy importante que los dos estén a la misma escala. Es de utilidad empezar tu dibujo utilizando unas líneas de guía ejecutadas muy cuidadosamente.

Es importante tener en cuenta la fuente de luz con este tipo de vista.

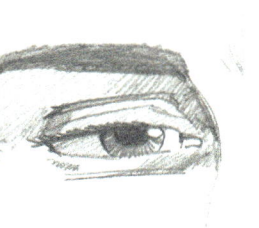
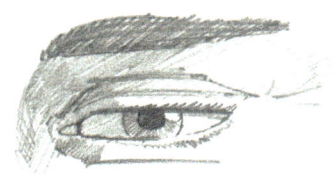

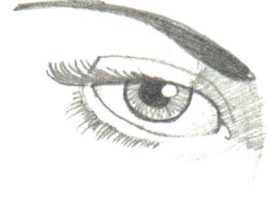
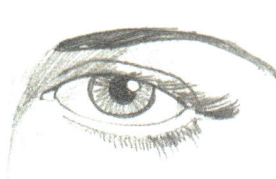

Los párpados parcialmente cerrados muestran una menor proporción del globo ocular. Añade más áreas sombreadas.

La posición de la pupila y el iris es importante y muestra hacia dónde miran los ojos. Haz que su dirección sea similar.

La boca

a boca es muy expresiva y puede darnos una idea del estado de ánimo y las emociones de la persona.

Estas son las líneas de guía básicas para dibujar unos labios de perfil.

Una vez que las líneas de guía estén en su sitio, empléalas como orientación para generar la tonalidad de los labios.

Para dibujar la boca desde abajo se usan líneas de guía curvadas y ascendentes.

Líneas de guía para una vista frontal.

Al añadir tonalidad a los labios, utiliza siempre líneas que se curven hacia la boca para crear volumen. Añade más líneas allá donde haga falta más sombra.

Las bocas pueden ser muy expresivas. Practica dibujando tu propia boca desde distintos ángulos.

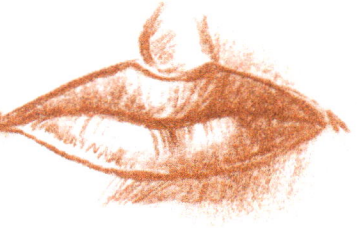

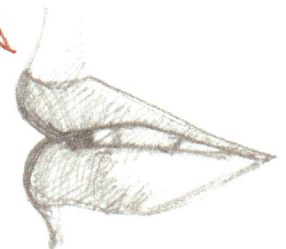

Aquí se ve la boca ligeramente abierta.

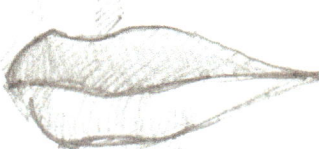

Añade un mayor detalle a los dientes superiores que a los inferiores. Esto aporta un aspecto más natural y genera como un punto focal al dibujar una boca.

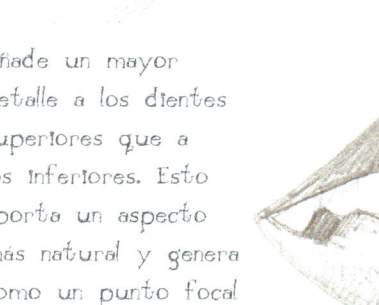

Vista de perfil de la boca mordiéndose el labio inferior.

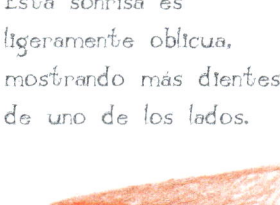

Esta sonrisa es ligeramente oblicua, mostrando más dientes de uno de los lados.

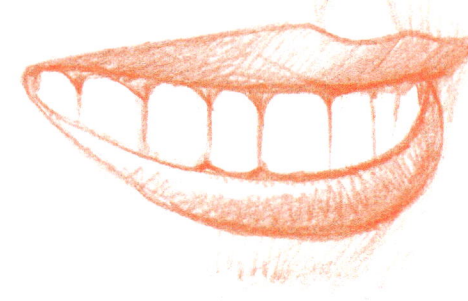

Esta parece una sonrisa alegre y expresiva.

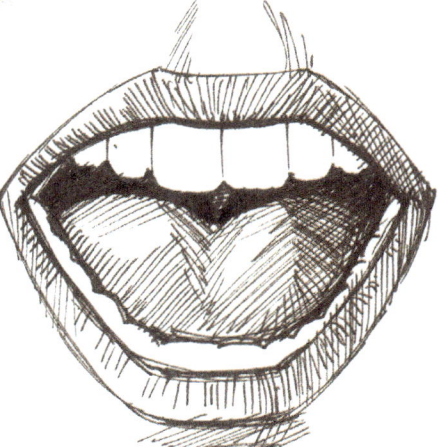

Esta boca abierta, dibujada a bolígrafo, muestra todos los dientes.

Esta boca está abierta, pero los labios ocultan los dientes.

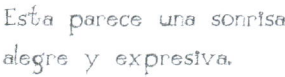

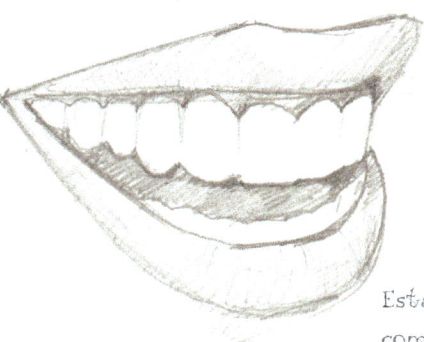

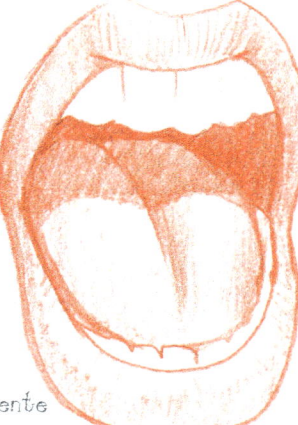

Esta boca completamente abierta probablemente esté gritando.

15

Narices

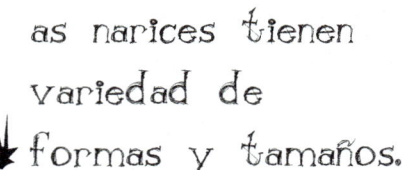

Esto nos muestra las zonas básicas de sombreado necesarias para proporcionar su forma a la nariz.

Las narices tienen variedad de formas y tamaños. Dibujar una nariz desde distintos ángulos supone una habilidad clave que aprender al dibujar la cabeza.

Estas líneas de guía te ayudarán a dibujar la nariz desde abajo.

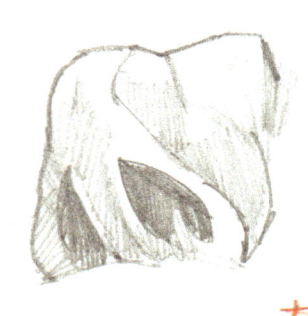

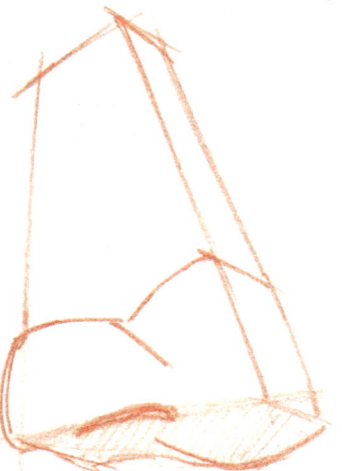

La zona más oscura de la nariz se encuentra en el interior del orificio nasal.

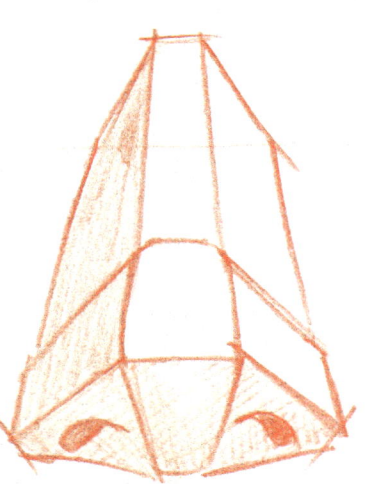

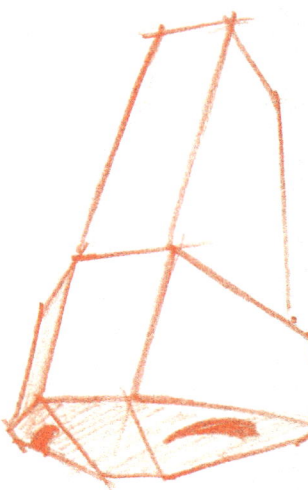

Estos tres conjuntos de líneas de guía muestran la forma de la nariz desde distintos ángulos. Utiliza esta forma básica para crear narices de todas las formas y tamaños.

Añadir tonalidad a la nariz es muy importante porque genera su forma y la enfatiza. Estudia la nariz para ver cómo la luz incide sobre ella y añade tonalidad para definir su forma y ángulo.

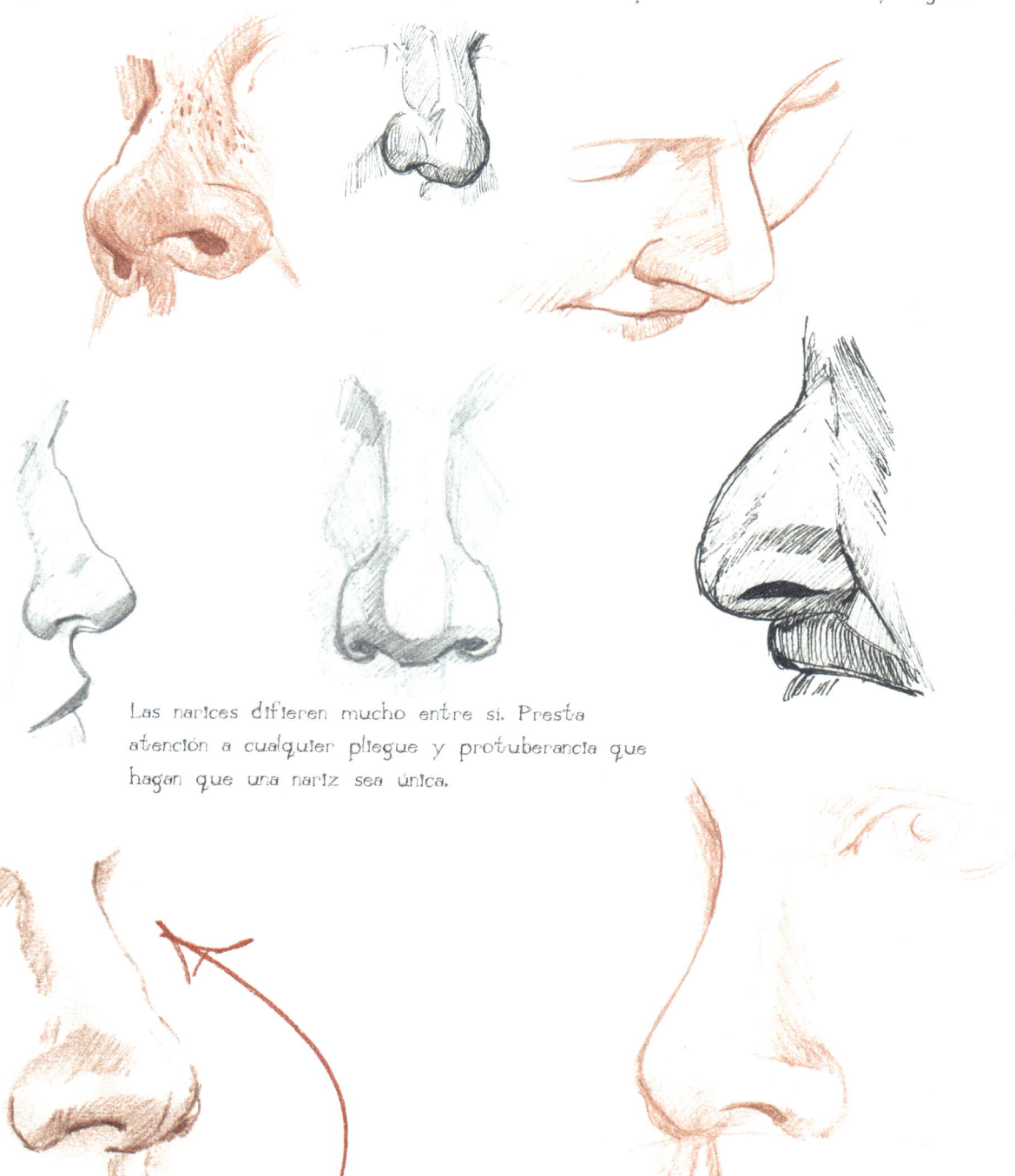

Las narices difieren mucho entre sí. Presta atención a cualquier pliegue y protuberancia que hagan que una nariz sea única.

Utiliza toques de luz en los lugares apropiados.

Relaciona siempre la nariz con el resto de los rasgos faciales para acertar con las proporciones.

17

Orejas

Dibuja la forma básica de la oreja con una línea curva.

La variación en las orejas de la gente es infinita, ya que no hay dos orejas iguales, incluso en una misma cabeza. Una oreja es una forma bastante complicada y se dibuja casi por completo empleando líneas curvas.

Dibuja líneas curvas para crear la estructura.

Añade tonalidad para generar una sensación tridimensional en la estructura de la oreja.

Añade sombreado al orificio auditivo y a sus pliegues complicados, donde llega menos luz.

El lóbulo de la oreja suele captar la mayor parte de la luz.

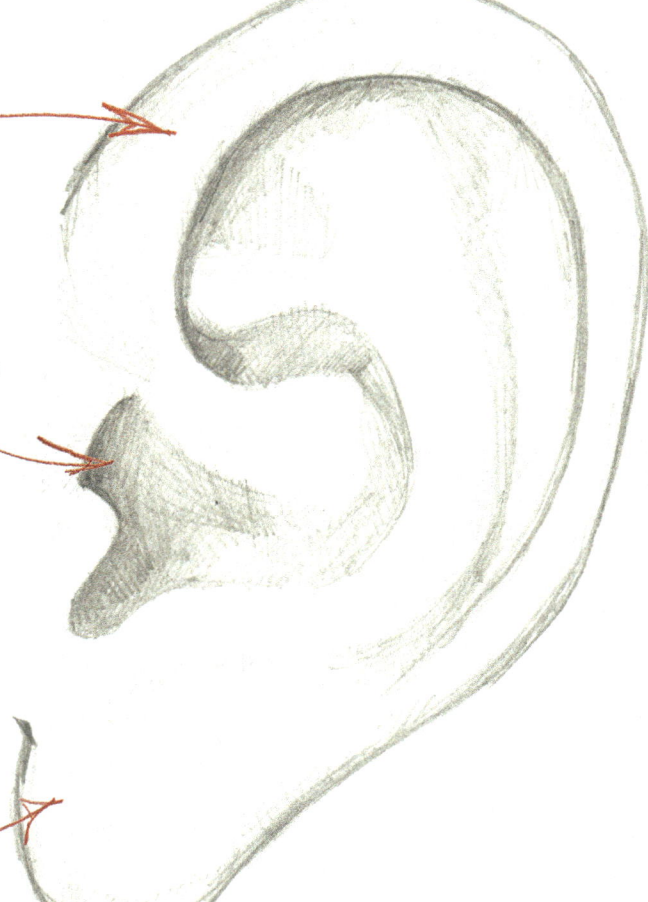

Las orejas tienen muchas formas y tamaños.
Fíjate atentamente en ellas cuando dibujes a
una persona, ya que su forma puede ser muy
característica.

Esta oreja tiene
una forma bastante
redondeada.

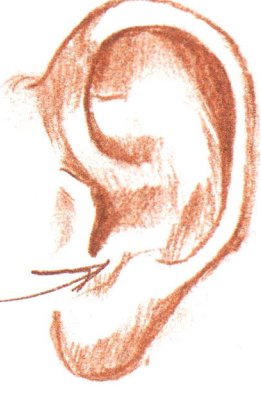

Los lóbulos de la oreja
tienen muchas formas
y tamaños. Algunos se
prolongan por debajo de la
oreja, mientras que otros
se unen directamente a la
cabeza.

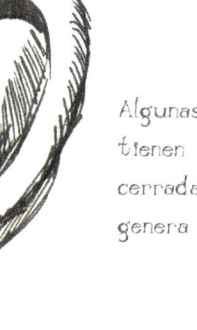

Algunas orejas
tienen curvas más
cerradas, lo que
genera más sombra.

Las orejas pueden
tener un aspecto muy
distinto dependiendo la
técnica con las que las
dibujes.

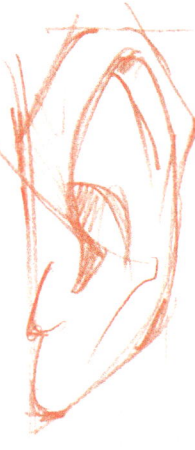

Utiliza líneas de
guía para que
te ayuden a dar
forma a la oreja.
Elimínalas cuando
hayas terminado.

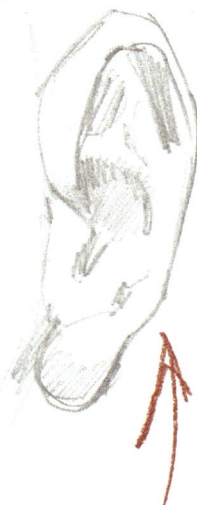

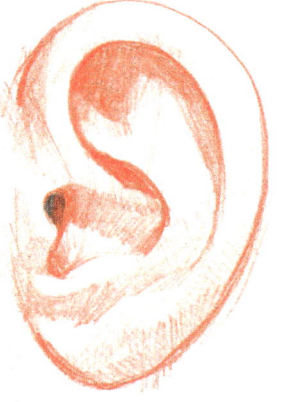

Recuerda que la oreja proyectará una sombra dependiendo
de la dirección de la que proceda la fuente de luz.

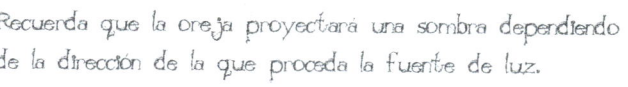

Fuentes de luz

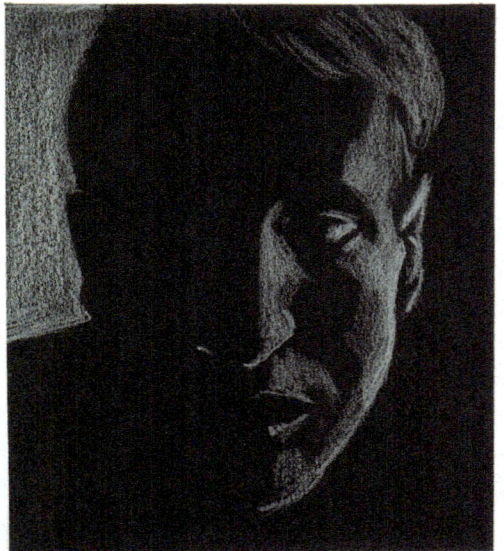

L a fuente de luz para un dibujo puede tener un enorme efecto en el dibujo terminado. Situar a tu modelo al lado de una ventana bien iluminada o de otra fuente de luz intensa te proporcionará unos contrastes marcados para crear una imagen dinámica.

Desde arriba 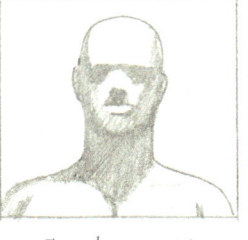   Desde un lado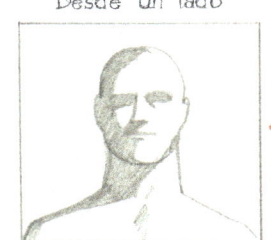

Sin iluminación 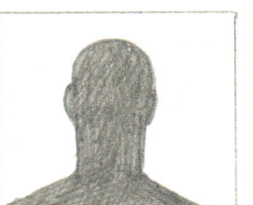   Desde debajo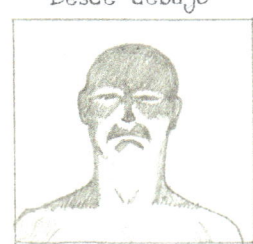

El efecto de distintas fuentes de luz

Este rostro está dibujado con una fuente de luz procedente de la derecha, proyectando así sombras sobre el lado izquierdo.

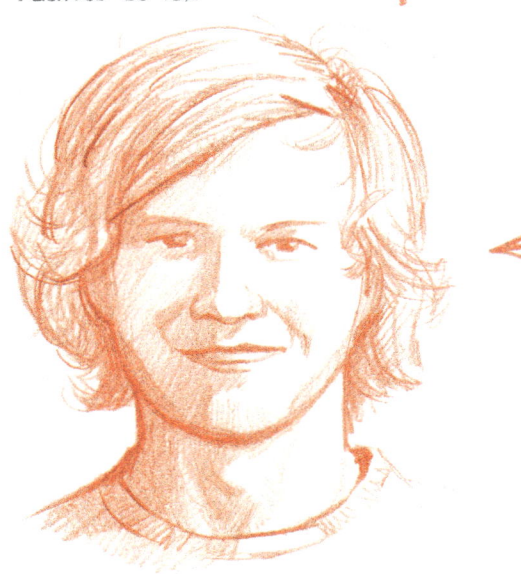

Fuente de luz

Este dibujo está hecho con tiza blanca sobre papel negro. Utiliza toques de luz en lugar de sombreados para crear la forma del rostro. Fíjate con cómo incide exactamente la fuente de luz sobre el sujeto.

Fuente de luz

Utiliza el efecto
negativo de dibujar con
un material claro sobre
un papel oscuro para
aportar a tu dibujo un
mayor efecto visual.

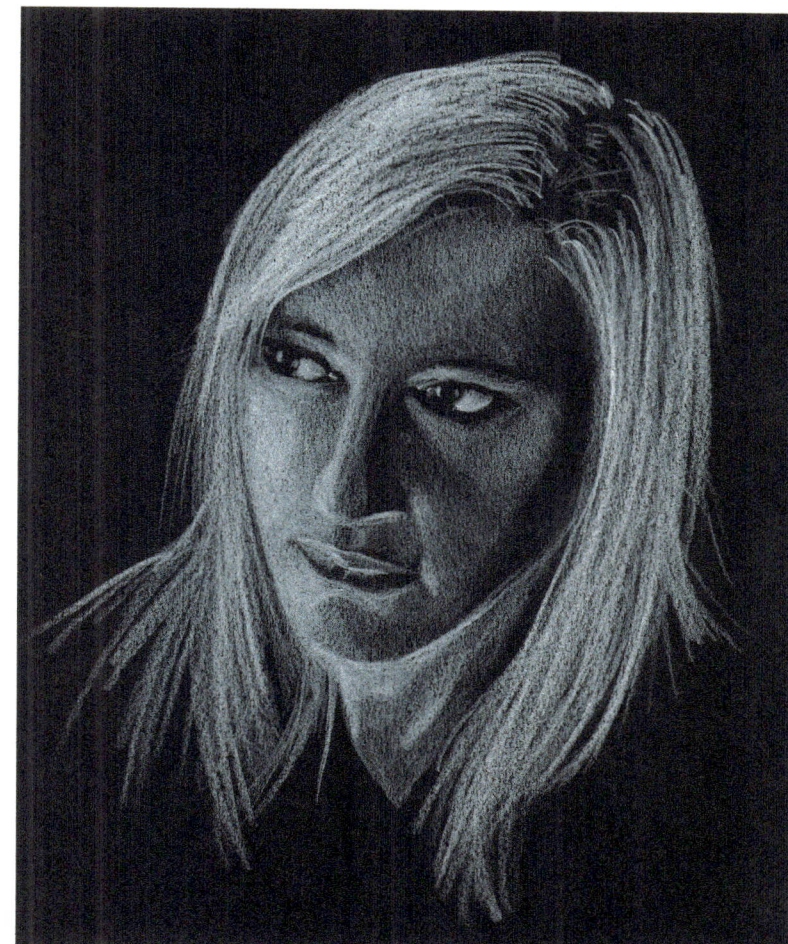

Fuente de luz

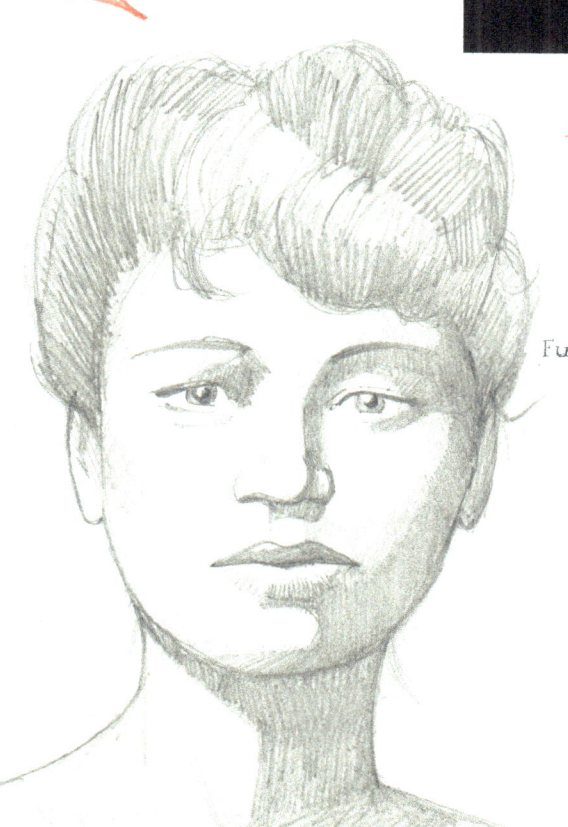

Fuente de luz

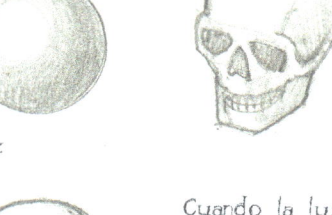

Fuente de luz

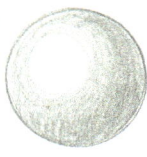

Cuando la luz incide sobre
una superficie abovedada,
el sombreado debe aplicarse
gradualmente desde la zona
iluminada a la oscura.

21

Gente joven

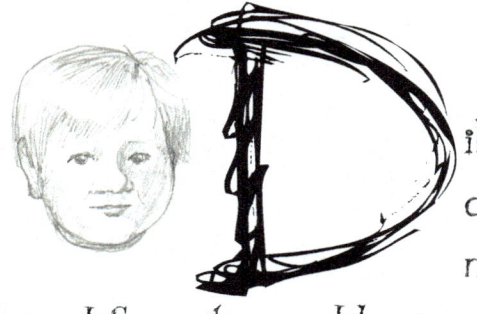

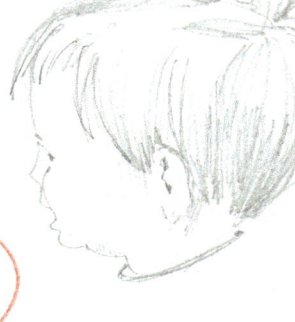

Dibujar la cabeza de un niño es muy diferente a dibujar la de un adulto. Las proporciones de la cara y la cabeza varían considerablemente.

Dibuja dos óvalos superpuestos para crear la forma de la cabeza.

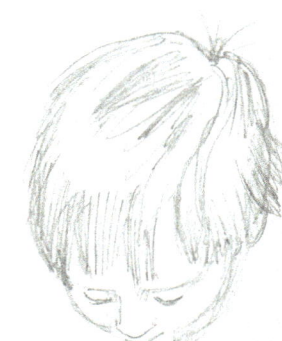

Las líneas de guía te ayudarán a medir los rasgos de la cabeza y sus proporciones.

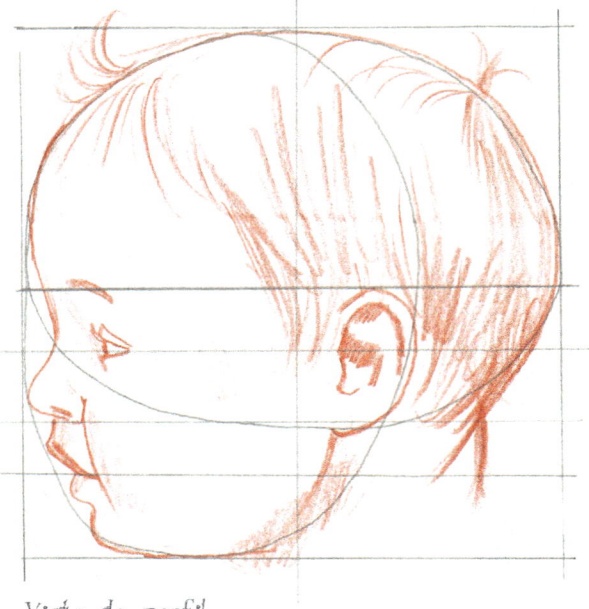

Vista de perfil

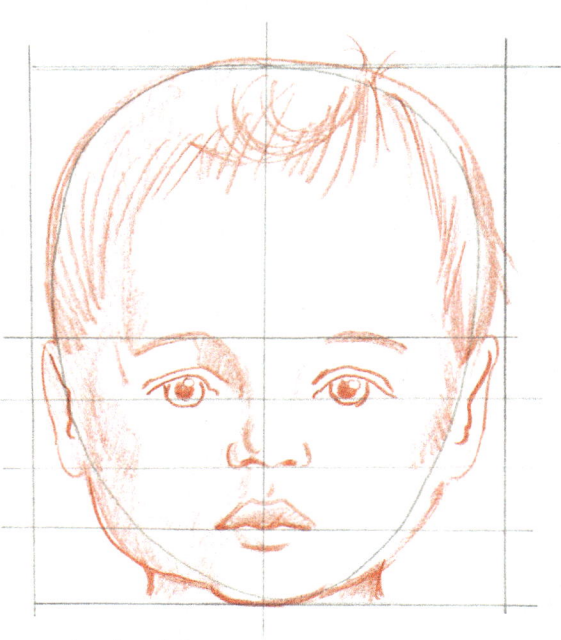

Vista frontal

Practica dibujando cabezas de niños en muchas posiciones distintas.

Utiliza líneas de guía para que te ayuden a dar con la proporción y la posición de los distintos rasgos.

Dibuja la forma del cabello utilizando líneas sencillas y fluidas.

Esboza los rasgos faciales y otros detalles.

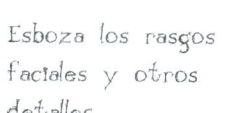

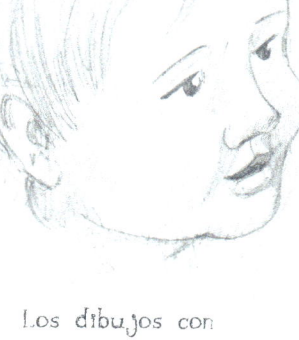

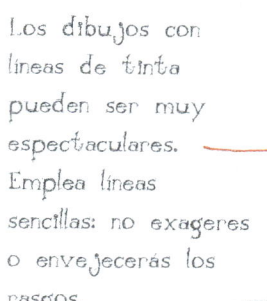

Los dibujos con líneas de tinta pueden ser muy espectaculares. Emplea líneas sencillas; no exageres o envejecerás los rasgos.

Un niño durmiendo es un tema genial que dibujar.

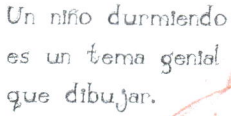

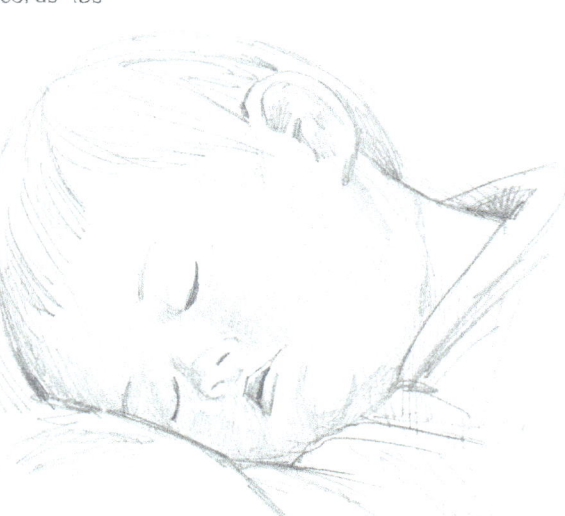

23

Ancianos

A medida que la gente se hace mayor, sus rasgos faciales se vuelven más exagerados y característicos. El rostro va adquiriendo gradualmente pliegues, arrugas y líneas. Esto puede hacer que dibujar a una persona sea algo fascinante.

Esta ceja muestra muchas arrugas y líneas: detalles que definen el retrato de una persona anciana.

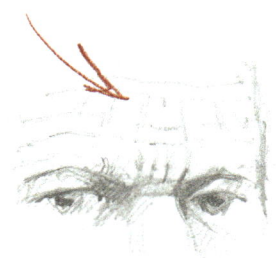

Fíjate en el grado de detalle alrededor de los ojos. Las patas de gallo se extienden desde el ángulo externo de cada ojo.

Añade más líneas alrededor de la boca que sugieran arrugas.

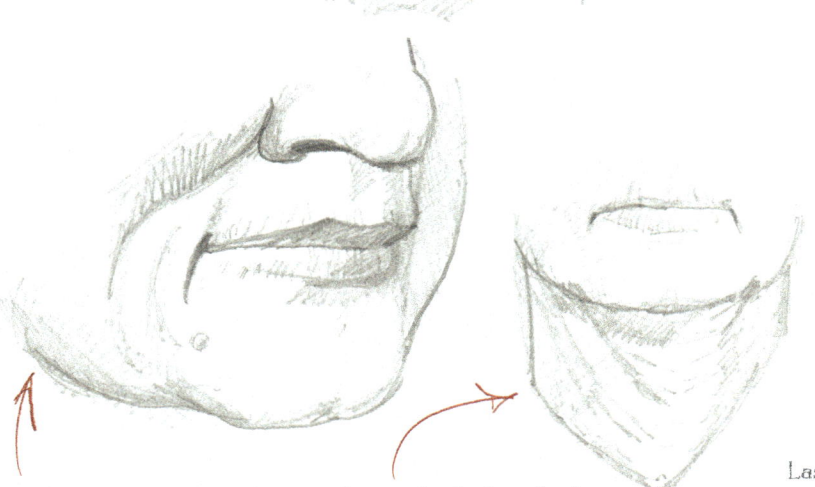

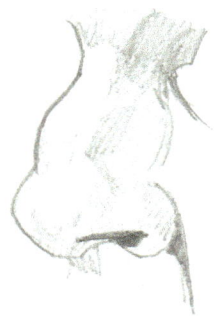

Añade líneas curvadas bajo la barbilla y alrededor de la garganta para mostrar el efecto de la piel envejecida.

Las líneas alrededor de la nariz son más pronunciadas que las de una persona joven.

Este sencillo dibujo con líneas de tinta no emplea tonos, pero sigue sugiriendo la edad mediante su minucioso uso de líneas curvadas.

Cuando dibujes a alguien que se está quedando calvo, estudia la forma de sus entradas cuidadosamente.

Este retrato se basa en los tonos intensos a modo de manchas para transmitir la edad del sujeto.

En la vejez, la estructura del rostro se vuelve más marcada, pero el color se difumina. Las cejas, el cabello y los labios se vuelven menos definidos.

Expresiones

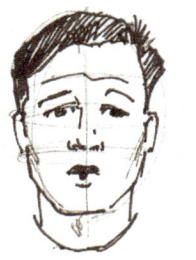

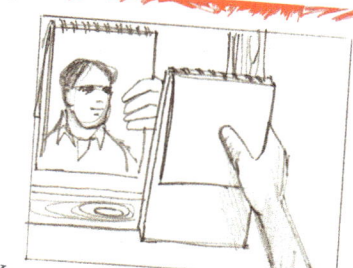

Usa un espejo

Intenta observar tu dibujo en un espejo. Ver tu imagen especular puede ayudarte a detectar errores.

as expresiones faciales pueden transmitir una enorme idea de las emociones o reacciones de la persona.

Estos pequeños esbozos en miniatura muestran una guia sencilla de las expresiones faciales cotidianas.

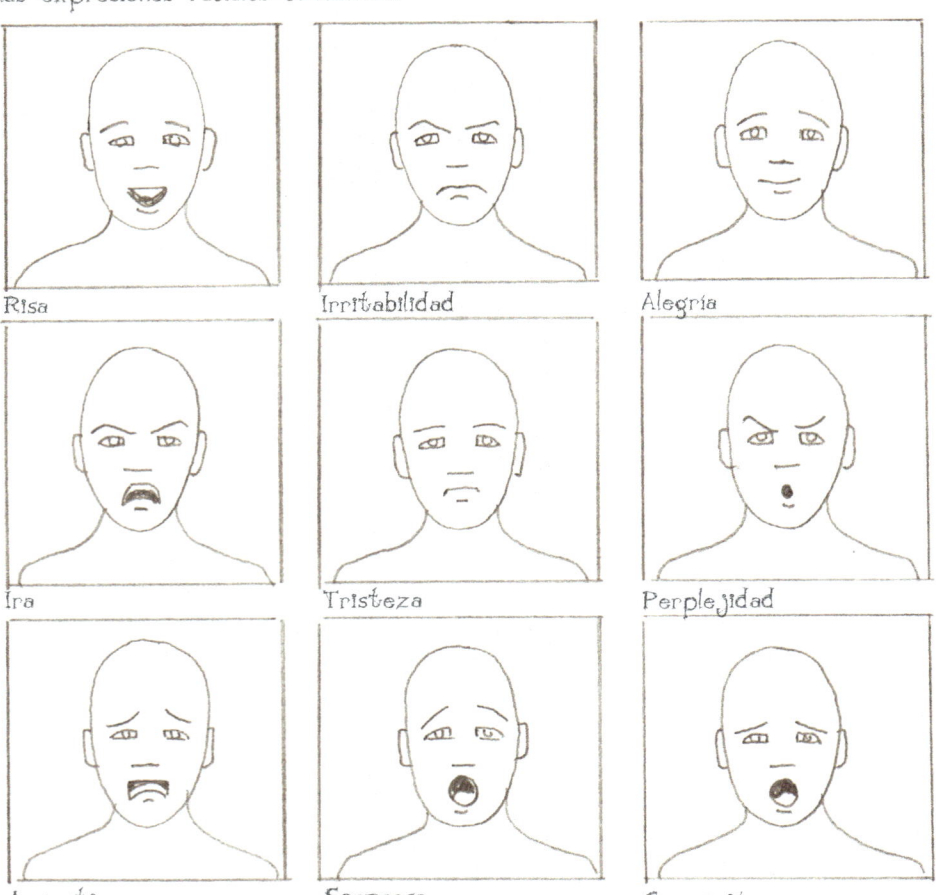

Risa	Irritabilidad	Alegria
Ira	Tristeza	Perplejidad
Angustia	Sorpresa	Conmoción

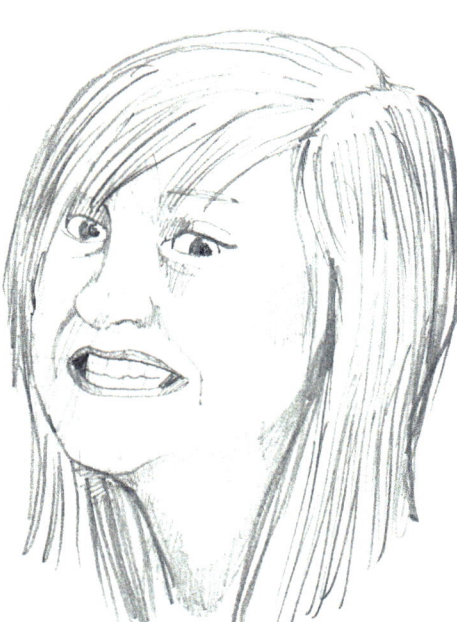

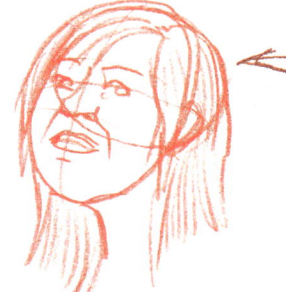

Inicia siempre tu dibujo de una cabeza con dos óvalos superpuestos para que la forma te salga bien.

Remítete a las guías sencillas para que te ayuden a crear la expresión que deseas. Luego ve incorporando los rasgos y añadiendo los detalles.

Utiliza líneas de guía para aportar las proporciones a tu retrato.

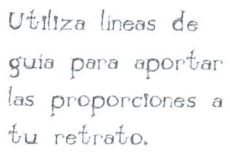

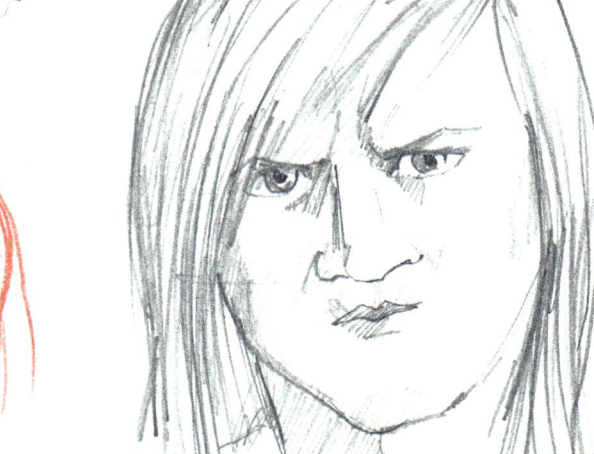

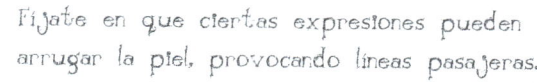

Fíjate en que ciertas expresiones pueden arrugar la piel, provocando líneas pasajeras.

Autorretratos

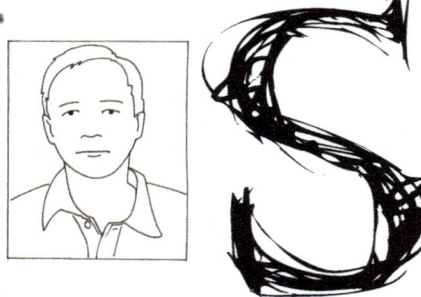

Se han dibujado autorretratos a lo largo de toda la historia del arte. Grandes artistas como Da Vinci, Rembrandt, Picasso y Van Gogh nos han dejado imágenes de sí mismos en dibujos y cuadros.

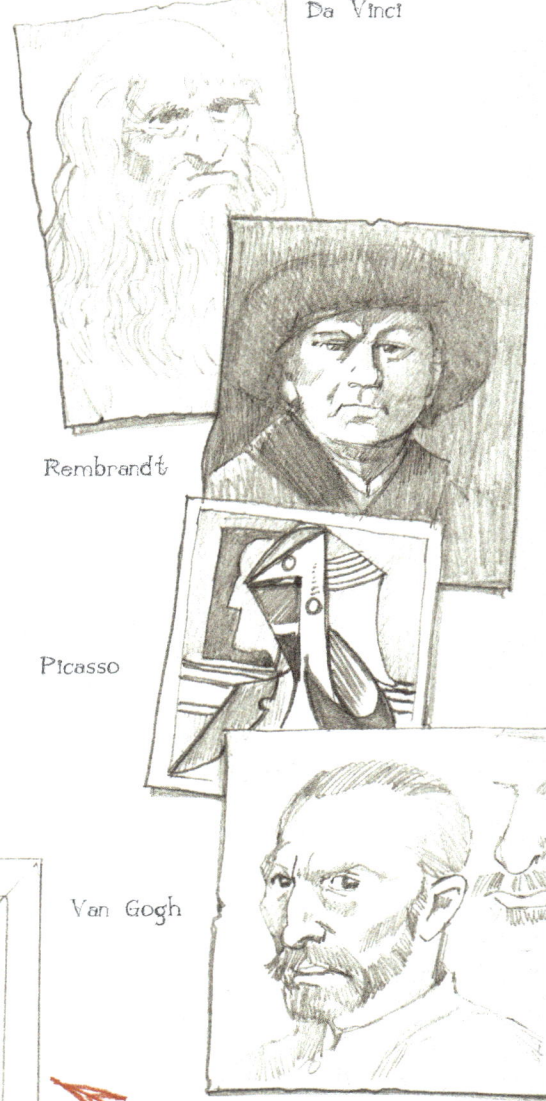

Da Vinci

Rembrandt

Picasso

Van Gogh

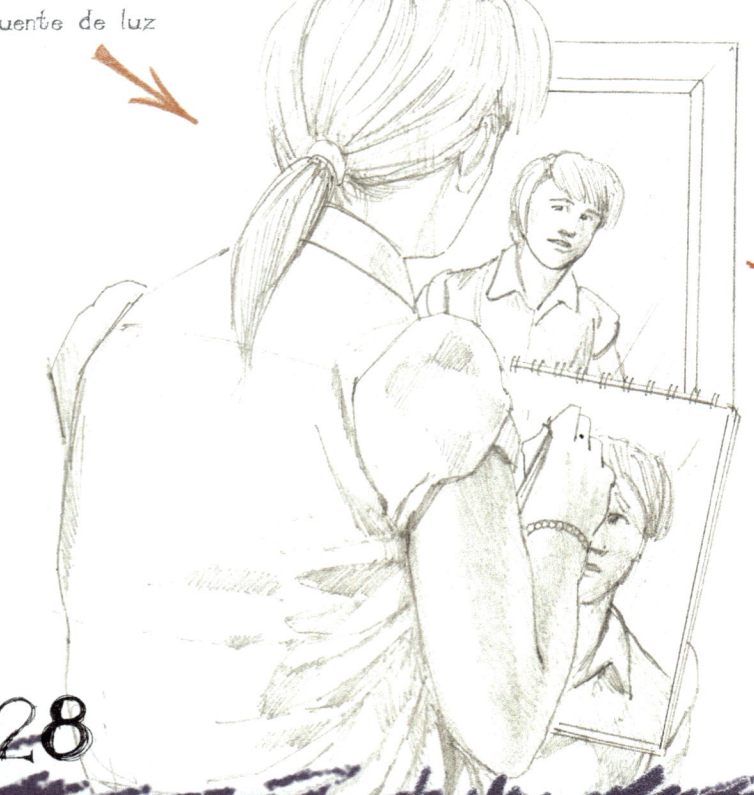

Fuente de luz

Dibújate frente a un espejo para practicar los autorretratos. Utiliza una buena fuente de luz, como una ventana, y recuerda que tu dibujo será una imagen espectacular.

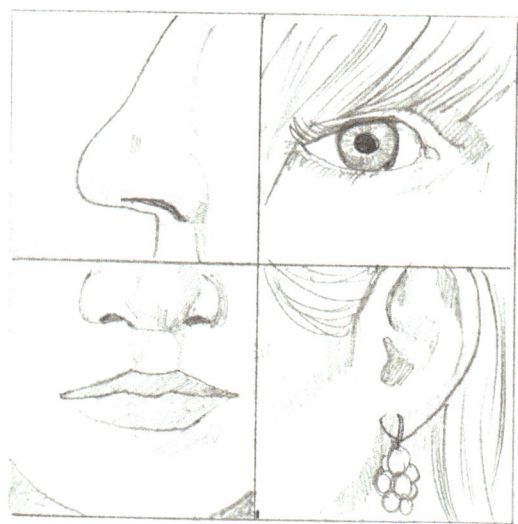

Intenta concentrarte en detalles concretos de tu rostro, como los ojos o la nariz, por ejemplo. Podrías colocarlos juntos para lograr una composición interesante.

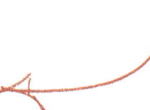

Crea un dibujo lineal interesante. Estudia una fotografía tuya e intenta reconocer tus rasgos más característicos. Ahora delinea la fotografía e intenta plasmar tu retrato con tan pocas líneas como sea posible.

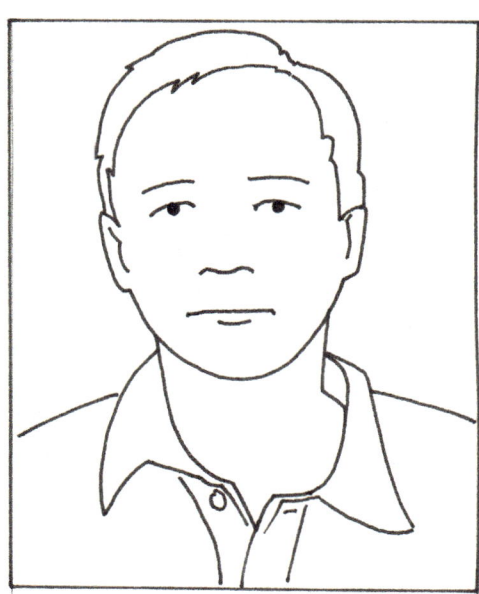

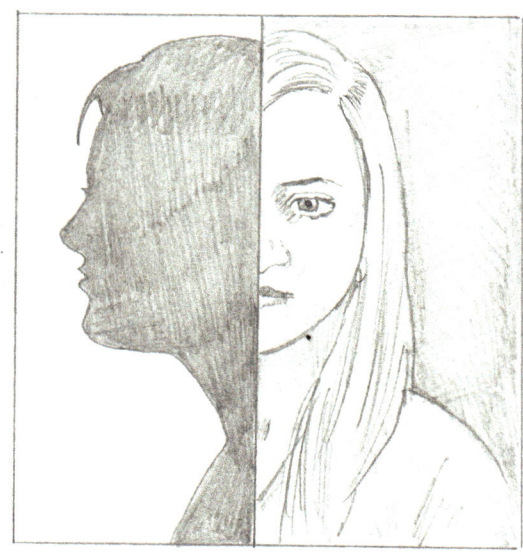

Crea un retrato diferente y dinámico. Dibuja una silueta de tu perfil y combínala con un autorretrato con la mitad de una vista frontal.

Accesorios

Los sombreros, las gafas y el vello facial pueden aportar personalidad a un sujeto. Cada uno de ellos puede aportar una valiosa idea sobre lo que define la identidad de una persona.

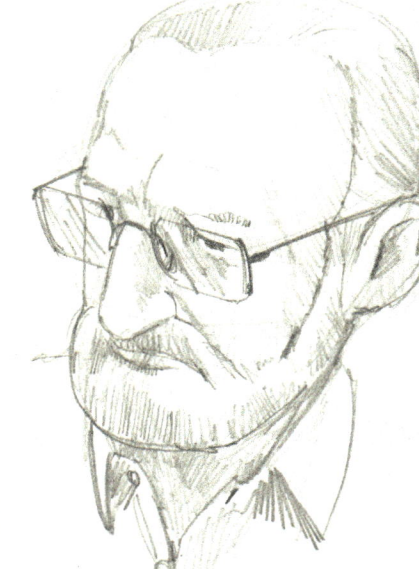

Utiliza siempre líneas de guía al añadir accesorios para comprobar las proporciones.

Al añadir unas gafas, asegúrate de situarlas correctamente sobre la nariz y las orejas.

Asegúrate de dar la forma general correcta a la barba. Añade muchas líneas cortas para mostrar la dirección de los pelos.

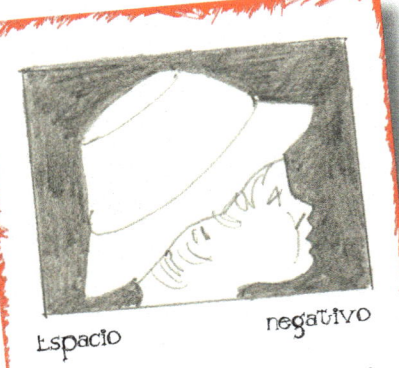

Espacio   negativo

Comprueba siempre el espacio negativo (el área que rodea a tu dibujo). Esto puede ayudarte a detectar los fallos.

Las barbas pueden cubrir grandes áreas de la barbilla. Empieza dibujando la barbilla antes de añadir la barba.

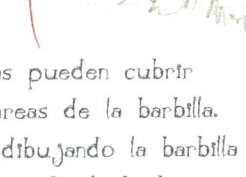

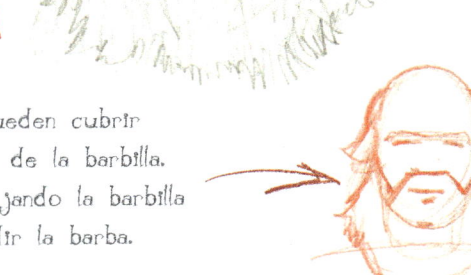

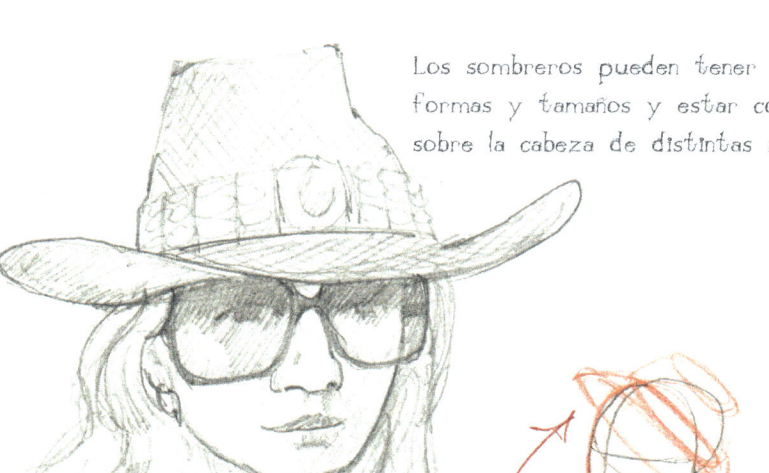

Los sombreros pueden tener muchas formas y tamaños y estar colocados sobre la cabeza de distintas maneras.

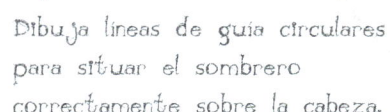

Dibuja líneas de guía circulares para situar el sombrero correctamente sobre la cabeza.

Ten en cuenta la altura y la anchura del sombrero y asegúrate de que encaje en la cabeza.

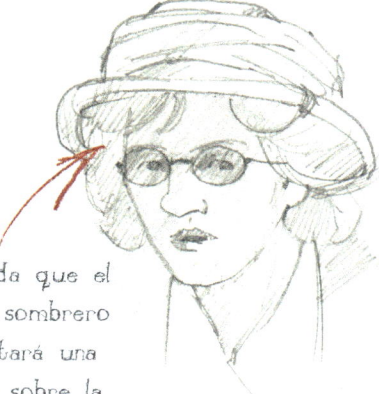

Recuerda que el ala del sombrero proyectará una sombra sobre la cara.

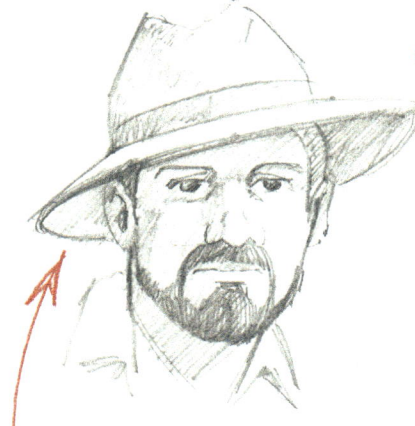

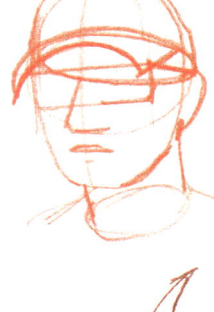

Los sombreros pueden llevarse con distintos ángulos, lo que puede ayudarte a plasmar el carácter de una persona.

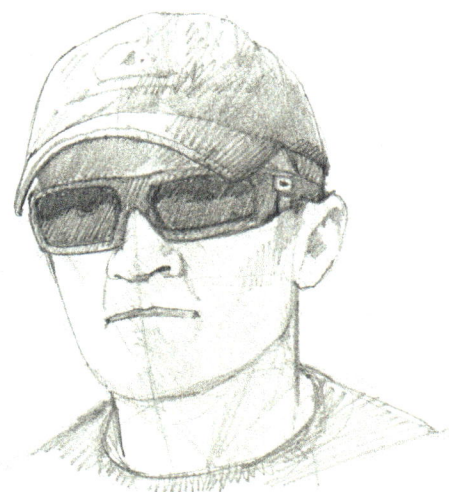

Las gorras quedan muy ajustadas a la cabeza y sólo proyectan sombra sobre la parte delantera de la cara.

Glosario

Composición: La disposición de las partes de un dibujo sobre el papel.

Fijador: Un tipo de resina que se rocía sobre un dibujo terminado para evitar que se emborrone. Sólo debería usarlo un adulto.

Fuente de luz: La dirección desde la que parece provenir la luz en un dibujo.

Líneas de guía: Pautas utilizadas en las primeras fases de un dibujo y que suelen borrarse después.

Perspectiva: Un método de dibujo en el que los objetos cercanos se muestran con un mayor tamaño que los lejanos para así aportar una impresión de profundidad.

Pose: La postura adoptada por una figura.

Proporción: La relación de escala correcta entre cada parte del dibujo.

Punto de fuga: El lugar, en un dibujo en perspectiva, en el que parecen encontrarse las líneas paralelas.

Silueta: Un dibujo que muestra sólo una forma oscura y plana, como una sombra.

Índice alfabético